的故事

一部經歷浴火
重生的回憶錄

◆ 蘇秀玫　著

目　　錄

我是美麗的奇女子

我喜歡幫助更多需要幫助的人給人驚喜和驚嚇

喜歡自由自在創作

我喜歡考證照

我用盡全力愛人

幫助需要幫助的人

我熱愛享受人生

認真努力工作

盡情玩樂

走過美好生命青春旅程

特別感謝

感謝黎明技術學院李春惠老師的贊助。

感謝台灣空氣品質協會創立理事長許紋賓先生的贊助。

感謝旭天公司財務長彭世偉 Mars 先生的贊助。

感謝謝婷妮小妮子小姐的贊助。

今日才有這本書的出現感謝您的贊助及貢獻！

蘇秀玫 敬上

民國 110 年 9 月 19 日

秀玫成長的軌跡

◆三歲時爺爺抱著我手裡拿著
蘇寶堂叔叔送我的大同寶寶

◆秀玫與親愛的秀婷妹妹金龍
弟弟合影！

◆ 84 年 9 月至 86 年 6 月畢業穀
保家商高職時期的我

◆ 90 年 9 月至 93 年 6 月畢業醒
吾技術學院二專畢業典禮

◆ 93/07/30 幫第四台東森廣
　告拍的宣傳照

◆ 96/8/5 我外子 26 歲生日合
　影

◆ 96/8/26 我與外子去 101 約會

◆ 102/11/23 我 39 歲生日辦繽
　紛生 party 邀請朋友們參加

◆ 97/5/6 第二次彈吉他謝謝
高見老師指導 / 我當時名字
叫 kito

◆ 110 年 7 月 23 日在學校上
班的我

◆ 108/6/15 陽明大學畢業典禮永
遠要勇敢積極樂觀及相信自己
擔任國立陽明大學畢業典禮工
作人員

◆ 108/6/15 陽明大學畢業典
禮生命中能活的開心自在
及更美好比較重要！

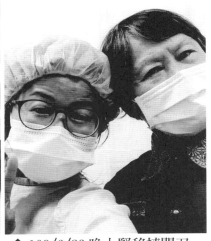

◆ 108/6/23 晚上腎移植開刀
住院前與親愛的父親合照。

◆ 108/6/23 晚上腎移植開刀
住院前與親愛的母親合照。

◆ 108/7/12 女關懷師 Ciwas 吉
娃斯．瓦旦跟他的同事及老
師一起彈吉他唱歌奇異恩典
很好聽喔

◆ 108/7/18 出院汪慈芬關懷師
彈吉他及院牧部唱歌給我聽
很好聽喔很感謝他們

◆ 109 年與親愛的奶奶蘇洪英 女士合影

◆ 110 年 3 月我自己做的結婚 書約

◆ 110/9/23 與台北醫學大學附設 醫院戴承杰醫師開心合影

◆ 110/9/27 書法啓蒙老師葉 浌嬿老師

◆ 110/9/27 第一次寫書法作
品

◆ 110/9/27 與葉浚嬿老師開心
合影

◆ 96 年 7 月 16 日我與外子去逛
街拍照留念照片。

◆ 110 年 5 月 6 日我與外子拍攝
婚紗照。

◆ 110 年 5 月 6 日我與外子和
爸爸拍攝婚紗照。

◆ 109 年 4 月 30 日寫給親愛的
受贈者家屬的卡片。

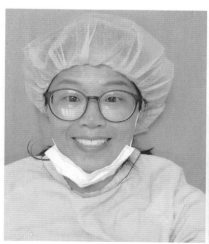

◆ 108 年 6 月 23 日晚上開心等待
腎移植開刀前拍照留念。

◆ 110 年 2 月第一次去花蓮；
值得記錄的旅程；情人節快
樂 Thank you

◆96 年 11 月 23 日慶祝我 33 歲生日去 HOLEDAY KTV 唱歌。

◆97 年 3 月 23 日我 34 歲；我與外子參加朋友結婚晚宴。

◆99 年 1 月 12 日我 36 歲；參加生科系暨基因體所歷年尾牙。

◆102 年 1 月我 39 歲；參加生科系暨基因體所歷年尾牙。

◆ 107 年我 43 歲；與朋友去
信義商圈 BELLAVITA 寶麗廣
場貴婦百貨公司一樓午餐
約會！

◆ 96 年 7 月 17 日我 33 歲；朋
友教我彈吉他開心。當時我
的英文名字是 KIKI。

◆ 94 年我 31 歲；在台北京華城
元旦樂團比賽；著功夫裝；當
時破報記者有來採訪。

◆ 94 年我 31 歲；與朋友合夥
經營唱片公司帶領數支地
下樂團宣傳於玫瑰唱片行
販售 CD。

◆ 104 年 9 月 18 日我 41 歲；
論文研究成果發表會暨壁
報展，負責設計製作海報等
多項工作。

◆ 102 年 12 月我主辦浪漫繽紛
戀生日 Party 在美麗華／晚餐
金色三麥。主持人示範拋筷子
比賽。

◆ 105 年 11 月 12 日 第 53 次上課
香料學期末考。

◆ 106 年 8 月 19 日第 88 次上課特
效順利成功。

◆ 110 年學校上班的我

◆ 105 年 12 月 17 日第 58 次上
　課創意彩妝期末考我表演。

◆ 106 年 3 月 25 日第 (69) 次上
　課. 每周六早上 8 點至下午 5
　點期中考終於完成。準備下下
　周期末考開始~

◆ 109 年中秋節謝謝高閬仙老
　師來生科系系辦送我們小
　餅乾當天開心合影與歐助
　教。

 # 真情推薦

※ 我親愛的姊姊洗腎二十二年，終於…上天給了她一個機會，她也幸運地換腎成功，她把這真實過程轉換成一本書，讓大家知道任何事只要堅持下去就一定可以成功的。

秀玫弟弟

※ 第一次見到秀玫是在大學課堂上，一個樂觀大方的女生，從少女如夢如幻的年紀就開始洗腎，一洗就是二十二年，出這本書，更證明對生命對健康要熱愛與珍惜，我們一起祝福彼此。

李春惠老師 (黎明技術學院)

※ 我認識秀玫到現在也十幾年，她就是一個永遠『前方沒有終點奮鬥永不停息』為自己努力的人，也像馬拉松比賽中，堅持努力，拼下去的那個人。我相信秀玫在每一方面都會對自己負責，成為真正的贏家。

蔡康虎 先生（鄉民食堂台灣哪邊好玩部落格負責人）

※ 秀玫的人生有這麼多曲折的經歷，無法想像她曾經經歷了這麼多的波折。終於能夠成功換腎，又和相戀多年的男友共組家庭，祝福秀玫未來的人生平安順心，並能好好享受現在所擁有的美好一切。

高閬仙教授（國立陽明大學前副校長，生命科學系暨基因體所）

※ 認識秀玫十餘年，面臨著洗腎、換腎種種經歷。對她的印象裡，總是很陽光。人生就是要有「意識」地活著。一起加油，精彩的活下去！

　　　　　　　許紋賓先生（台灣空氣品質協會創會理事長）

※ 秀玫加油！上帝愛妳！

　　　　　　　（北投神學院潘美惠牧師教授／學務長）

※ 跟秀玫認識有二十二年以上，上帝給她重生機會代表她還是有一些任務在身，對她的感覺就是勇敢努力關心別人，秀玫加油！

　　　　　　　賴草 女士（中華民國職業訓練協會理事長／勞動部講師）

※ 在病痛和憂鬱症的精神困擾下，難得她還持續樂觀、活躍、關心他人。我很高興看到這本洋溢著生命熱情的自白書出現。

　　　　　　　陳文盛 教授（國立陽明交通大學榮譽退休）

※ 秀玫是陽明交通大學的職員，雖然她身上換了腎，但不因此喪氣。將愛去幫助需要幫助的人，溫情滿人間。

　　　　　　　中醫所張緣先生（監獄教悔師／台灣快樂藝工隊發展協會）

※ 秀玫用樂觀、積極、努力的態度，面對生命永不放棄的熱情！即便吃盡苦頭仍然昂首闊步，保持微笑向前走！真誠推薦不放棄的人生歷程！

　　　　　　　戴承杰 博士（台北醫學大學附設醫院傳統醫學科主任／教授）

※ 將快樂帶給大家的～妳。恭喜妳！出書順利成功。祝福妳！

　　　　　　　盧愛惠鋼琴老師（腎友）

※ 這是一個生命獲得重生的故事，讀完之後妳將對生命的看法完全

不同會更珍惜目前現在所擁有的一切！
陳俊瑜教授 (前黎明工業專科學校、經國管理暨健康學院校長、萬能科技大學、新竹陽明交通大學兼任教授)

※ 洗腎，其中辛苦不是一般人能想像的，珍惜現在擁有的就是幸福！
　　　　　　　　楊忠益先生 (新北市三重區女生飾品工廠老闆)

※ 感謝鼓勵我先生去登記換腎，不要放棄希望！一齊向前走！
　　　　　　　　　　　　　　　　　　葉淩嬿 女士

※ 蘇助教平淡如水的關懷讓學生的生活感到溫暖。大概正是生命經
　　驗造就柔軟的溫度吧，相信這本書也會是如此。
　　　　陳震樺 (國立陽明交通大學生命科學系 110 年大四畢業生)

※ 雖是萍水相逢但她的積極樂觀感染力十足，不論何時都會被她的
　　正能量感動， 值得一看的人生故事！"
　　　　　　蔡元皓執行長 (聚基生物科技股份有限公司)

※ 人生的路還很長，但無論如何，我相信秀玫在每一方面都會對自
　　己負責，成為真正的贏家！沒錯 相信妳！
　　　　　　謝宜芳女士 (國立陽明交通大學出納組)
※ 不倒翁戰士 - 作者秀玫，經過上天長年挑戰考驗，終於「戰腎人生」
　　迎向未來快樂的人生！十萬分真心誠意強力推薦的好書！
　　　　　　　　　　　　謝婷妮 女士 (腎友)

※ 這是一個生命獲得重生的故事，很有啟發性。讀完後妳將對生命的意義有新的詮釋，也會更珍惜生命與周遭的一切。

連正章教授（國立陽明交通大學 生命科學院院長）

※ 秀玫對生命的熱愛讓人感動。

林媽利醫師（馬偕紀念醫院輸血醫學顧問）

※ 強力推薦真情感人的人生歷程！

孫以瀚教授（中央研究院特聘研究員，國立陽明交通大學）

※ 加油、感恩、支持，這樣子就對啦！人生起伏就去接受它，享受人生！

黃欣懋（欣懋有限公司董事長）

※ 「浴火重生的人生最令人感動，尤其能把對生命的熱愛、經驗分享她人，是自身生命的昇華。」

陳漢湘醫師（馬偕紀念醫院 腎臟科）

※ 加油！恭喜！太好了！恭喜出書！

張耀懋副教授（台北醫學大學／Elsevier 北醫管理學院）

※ 認識三十五年，恭喜秀玫移植腎臟成功，在擁有重生的同時，我們要更加珍惜現在身邊所擁有的幸福喔！知福、惜福、祝福。

陳美玲女士（好友）

※ 秀玫，妳是個開朗又堅強的女性，經歷這麼多年的努力，終於迎來了希望，成功圓滿，妳值得擁有這幸福的一切，繼續加油喔

郭秀萍女士（台北馬偕醫院志工）

感謝家人和朋友的推薦

※ 梁有呈 先生 (小叔)

※ 李惠玉女士 (器官移植受贈者)

※ 閔蕙雯女士 (國立陽明交通大學人事室)

※ 林妧蓁女士 (明揚化工)

※ 賴沛沂女士

※ 張郁婕女士 (天主教好友)

※ 洪燕 女士

※ 蔡嘉瑩老師 (活血功營養師)

※ 羅思穎 女士 (好友)

※ 王振宇老師 (桃園漢英中學)

※ 姜先生 (新竹公務員)

※ 王雅惠老師 (台北護理健康大學)

※ 陳瑩仔女士 (國立陽明交通大學註冊組臨時工組)

※ 賴文彥組長 (台北市松山機場)

※ 鍾女士 (好友)

※ 郭美月女士

※ 喬伊女士 (高雄榮民總醫院鼓山腎器官移殖十六年)

※ 陳倍賢導師 (東山高中)

※ 旭天公司財務長彭世偉

※ 馬偕紀念醫院心臟科余法昌醫師

※ 馬偕紀念醫院腎臟科陳志揚醫師

※ 國立陽明交通大學生命科學院科院及生科系暨基因體科學研究
    所助教們

※ 台北馬偕紀念醫院 6 樓血液透析室沈素梅護理師
※ 馬偕醫院 9 樓社福室黃琴憫關懷師
※ 淡水馬偕曾美陵神內護理師
※ 台北馬偕醫院 1 樓及 B2 維康王智瑩小姐
※ 台北馬偕醫院 1 樓及 B2 維康李欣樺小姐
※ 台北榮民總醫院腎器官移植好友顏妤婷小姐

【作者自序】

各位朋友、老師、同仁們尊鑑：

要感恩的人實在太多了。在百忙之中邀請老師幫我寫幾句鼓勵人心的話！是我的榮幸！洗腎前、洗腎後、洗腎中、換腎後，我曾經吃盡了苦頭。為了家人及愛我的人我必須好好活下去！我覺得我一定會好起來的那些叫我振作的朋友我衷心感謝她們！

活著真好，能夠大口呼吸！
但我仍然不放棄我想要擁有更激勵人心的生命及人生的價值追求成就感！
加油！勵志人生！如何在洗腎過程中保有換腎的盼望，讓腎友重新燃起希望！
及鼓勵大家辦器官捐贈卡這是我的願望之一。

很多東西就是珍惜當下，很多東西也帶不走的，生不帶來死不帶去，揮揮衣袖兩袖清風！自在！開心！
人生就是做有意義的事情，快樂地一直走下去！
我的故事旅程中，所有的一切美好的發生
皆是我不同的人生風景體悟。
內心充滿感激與感恩

謹以此書

致敬給所有為我打氣加油的人！

秀玫敬上
110 年 9 月 18 日

【作者簡介】：

蘇秀玫，四十七歲，台灣女生；86年六月開始在馬偕紀念醫院血液透析至108年六月二十一日，同年六月二十四日接受腎器官移植。洗腎期間努力擁有二十四張證照，如：汙水下水道、自來水管配管、國際按摩證照...等。希望這本書可以帶給社會正能量及對生命的熱誠。如果人生最後要留下一些東西，相信本書的內容將會讓您不同感受。目前任職國立陽明交通大學98年2月2日迄至今。https://www.facebook.com/melodysu66

【編著者序】：

第一次的接觸

認識蘇秀玫的緣起，來自馬偕紀念醫院社工室的社工師好友引薦，話說一位接受器官捐贈，已經移植二年多月的女病患，希望藉由專業出版的作家，協助整理口述、紀錄她的前半生。我先問了基本資料，得知她才四十七歲，心想，這麼年輕。

第一次見面，我們約在北部某國立大學校門口，也是她以「身心障礙資格」取得工作機會的地方。雖然是初次見面，她的熱情洋溢，和說話的焦慮感讓我很驚訝，一開始未經我同意就直接把我推入辦公室，和每一位辦公室同仁打招呼，用很熱情的口吻向曾經幫助她的同仁們一一介紹我是誰？出了很多書又是多麼有名。並當面對每一位同仁，說一些感謝照顧的話，就像她即將要和大家預演生前告別。(辦公室同仁和我被這突如其來的舉動和表達方式愣了一下，臉上的表情面面相覷都很尷尬)。然後，很快地引領我前往她早已安排好的會議室，希望我可以盡快聽她說說話。

秀玫是一位經歷二十二年洗腎的腎友，幾乎整個人生最重要的時刻，如就學、工作、戀愛、婚姻大事都和洗腎這件

事密不可分，兩年多前，接受不幸遭逢車禍過世的年輕護理師的大愛器官捐贈，才得以結束長年洗腎的磨難，重啟她的新人生。包括和交往十六年又小她七歲的梁先生，在今年四月完成終身大事。

在一切看似完美結局的時刻，經歷長期洗腎的她，自洗腎後期階段和接受器官移植後的期間，每天為器官移植後的副作用，如器官排斥、必須服用多種藥物的壓力。或是長年積累的負面思考造成精神疾病，如罹患憂鬱症和焦慮症等所苦，當我們見面的第一句話就是：「許老師，我可能下周要住進精神科病房了，我先生希望把我送進去，可能再也無法出院，或許我會死在醫院，如果是這樣，老師可以幫我完成最後出書的心願嗎？」又說：「我已經四十七歲了，我很焦慮，我可能會因為焦慮而粗心大意，失去我喜歡的大學助教工作，我可能因為擔憂失去，每天帶給我先生無窮的情緒困擾，而失去我剛剛獲得的婚姻，我真的很害怕！」

話剛說完，冷不防也事先未經同意下，立刻撥打電話給梁先生，希望我們可以直接對話，她焦慮地說：「我知道許老師對精神疾病有一定程度的認識，我希望老師現在可以給我先生建議，建議她如何和憂鬱症、焦慮症的我好好相處，只要一分鐘就好，一分鐘的時間拜託您了」然後直撥

電話，放大擴音，幸好梁先生是好脾氣的人，我們很快的溝通，一起理解秀玫當下焦慮的狀況，經過安撫後，她才慢慢穩定了情緒。

這本屬於秀玫的前傳書籍在編著前，我鼓勵她先嘗試以「第一人稱」來思考自己人生，希望她可以透過口述錄音、與我對話等方式整理自己的人生經歷，來療癒自己的心性，因此，讀者會看見許多她透過回饋生命的過程和部分重新整理後的文字分享。在收筆之前，她果真如她的焦慮預言，住進加護病房，幸好，情況在馬偕紀念醫院仁醫們，與深愛她的家屬陪伴下已逐漸好轉，希望這本短篇故事，也是秀玫的前傳，可以在她出院前，幫助她完成出書的心願，並展開屬於秀玫這位現代奇女子的幸福人生。

【編著簡介】：

許風，曾獲金鼎獎、小太陽獎、漫畫金像獎、陽光公益獎「圖文組」優選獎、華人部落格總決賽入圍、教育部最佳公益教育部落格教師組第一名。出版近三十餘冊，紀錄片作品曾獲國內外獎項，但他智商不高。https://www.facebook.com/plumpig.tw

「我要找出版社出版回憶錄，記錄我從青少年時期，所有
經歷荒誕不羈，和屬於自己快樂開心或悲傷的生命故事。
我已經四十七歲了，我希望來得及。」

蘇秀玫 2021.07.27

《蘇秀玟的故事》
一部經歷浴火重生的回憶錄

童年往事

我是蘇秀玫，原來的名字是蘇秀蘭，這是爸爸為我取的名字，但我的爺爺認為姓名的 "蘭"字筆劃太複雜，會影響我日後的學習，因此，在父母的理解後，爺爺為我取名秀玫，這是我名字的由來，長大後，三年前曾經是一名洗腎長達二十二年的患者。透過器官捐贈才換腎成功，開啟一段嶄新的亮麗人生。

小時候，因為爸爸媽媽廚藝很好，專門為人婚喪喜慶負責辦桌，後來，在北部開店名為「控肉大王」自助餐廳，卻沒有空好好照顧我，把我交給住在彰化縣大城鄉的奶奶照顧，奶奶至今九十多歲，生育八個孩子(四男四女)，我爸爸是長子，因為工作忙碌，把我交給奶奶照顧。

我的個性很開朗，很愛說話，很自戀，嘴巴也很甜，從小到大很喜歡被眾人關注。八歲前，在奶奶家生活的那段日子備受長輩們的照顧，叔叔、姑姑、阿姨都會送我禮物，如當時最流行的大同寶寶，每年春節除夕光是紅包壓歲錢就有一萬多元以上的收入。也許，因為我是長女更備受疼愛。那時，經常戲說奶奶待我如親生女兒，是我第二位媽媽，我的母親也很認同這件事。

畢竟，父母是在北部討生活，因此，每次當我要回台北時，

總是和奶奶依依不捨，尤其最後決定搬回台北和父母生活時，我和奶奶每回離別的時刻都會哭了，非常傷心，簡直就像梁祝的劇情「十八相送」一般的難分難捨。從奶奶家回來台北之後，也計畫辦理小學的入學手續。正式進入童年時期的小學生活。

本來以為回到台北就會和爸爸媽媽常住和就學，結果，父母自助餐的工作實在太忙了，我在小學一年級又被送回到中部當地繼續念的幼稚園和小學，由於小時候我唱歌被親戚們一致公認是很好聽的，姑姑們都鼓勵我在家練習發聲，學校老師還幫我報名當時的中視節目「六燈獎」（注一），讓我代表學校參加歌唱比賽。

小學一年級在鄉下住在三合院的生活是多采多姿的，有許多和童年玩伴遊戲參與的回憶，如灌蟋蟀、烤蟑螂、烤番薯、養烏龜、釣魚、游泳，下西瓜田裡打工和學著自己騎腳踏車上學，也發現自己對許多未知的事物，都會感到好奇也具有冒險的性格，凡事不論好壞，都想親自嘗試，這樣的自我發現，除了對自己的歌唱實力透過歌唱比賽或是名列前茅的功課找到自信，甚至延伸到高中生活時期，擁有對詞曲創作的憧憬，這樣的冒險個性，也影響我往後二十二年的洗腎人生。

叛逆的青春：離家出走

「中學的時候父母說鄰居看到我在大街上抽菸，其實我沒有抽只是跟朋友站在一起，不是我抽菸是朋友抽菸，就以為我也有抽菸，父母的不信任對我是一種打擊，於是因為負氣導致我離家出走，過了我自認為很精彩的人生」。

因為是家裡的長女，後來還有弟弟和妹妹。從小被鄉下奶奶和叔叔阿姨們，視如掌上明珠，但是回到台北和爸爸媽媽住，其實生活品質並沒有很好，甚至感受到媽媽非常重男輕女的觀念，如一樣是喝瓶裝牛奶，弟弟可以一人喝一瓶，我和妹妹就只能一人分半瓶，現在回眸一笑看似小事，但在當年我們孩子的心裡總有些不平衡與唏噓。那時，一家人生活很克難，小孩子總是光著屁股在大街上把屎把尿的生長環境。直到爸爸媽媽生意好轉，才逐漸購屋改善生活。

我的個性從小就很海派，一向天不怕地不怕，經常未經過縝密思考，想做什麼就做甚什麼，對陌生人更不怕生，熱愛結交各式各樣的朋友，在一個不太明白什麼是「界線關係」（注二）的年紀，除了學校的同班同學，校外也認識許多三教九流，不同背景的朋友。

中學的時候，我念明志國中時期，有一天我爸爸說鄰居有看到我在大街上抽菸，其實我沒有抽，只是跟朋友站在一起，不是我抽菸，是朋友抽菸，爸爸只聽鄰居的耳語，就一口咬定認為是我抽菸，一味指責我的不是，甚至被帶回家後，媽媽在精神和情緒失控下，經常抽打我，打到我傷痕累累，而自己手軟為止。也抓花我的臉，又幫我擦藥，從那天開始我恨我的父母，在不明究理的情況下對我「家暴」（注三）的傷害，更認為父母的不信任，對我當時的年紀是一種無法抹滅的打擊。（事到如今已事過境遷，父母當時只是不懂得教育孩子而已，而我也已原諒親愛的爸爸媽媽了。）

自此之後，我經常趁補習班放學和朋友在一起，找許多藉口，拖延回家的時間，剛開始只是偶爾待在朋友家久一點，和我至今有三十八年友誼的陳美玲同學就是其中之一。因為我在外朋友多，又不怕生人，後來經常以「宵禁」（注四）為由，住在好友家中，徹夜不歸。我十七歲就是一個懵懵懂懂的少女，在對爸爸媽媽產生恨意和誤解無法冰釋後，又倔強又任性的我最後選擇離家出走。

這一年，著實地讓我的人生開了眼界，甚至差點因為莫名的恍神狀態，被宮廟附近的大叔用錢拐騙進宮廟裡意圖對我「性侵」（注五），幸好當時清醒後想辦法逃離現場，那

段荒唐的日子，經歷了許多一般青少年很難想像的際遇，也看到身邊朋友抽菸、吸毒、喝酒、打架鬧事，許多生活在陰影裡的青少年生活，讓我曉家的期間看過太多太多社會底層人生百態！

乾弟與我

那段日子，我認識一位乾弟，他未成年，跟我說他想要辦一場慶生會，需要一筆錢竟是十幾萬元，因為那時我剛滿十八歲，於是我自以為這就是江湖上的友情和仗義，拍胸脯表示可以去地下錢莊替他借錢，同時，用我剛滿十八歲的證件自願當他的保人，讓一度荒唐行徑的自己，慢慢踏入更危險的黑社會角力與地下錢莊的糾葛……。

離家出走的日子，我感覺自己像是被自我放逐的孩子，享受無比的自由，同時也體會人生的真情冷暖。這種感覺大概是從我認識乾弟才剛剛開始。

打工時，因緣際會遇到了一位主動認我當姊姊的乾弟，當時他未成年，成天無所事事或經濟上青黃不接。

有一天乾弟弟想跟我借一筆錢，他說他未滿十八歲，希望我去地下錢莊幫他借錢，供他完成想為朋友開慶生會的願望，但因為年齡不夠資格借錢，所以需要我的身分證，當時既好勝心又沒有明辨是非能力的我，或許認為他是我的乾弟，我就有應該幫助他的想法，或以為這就是江湖道義，就傻傻地跟著他的想法走，兩人從報紙上，主動去找地下錢莊的刊登訊息，和地下錢莊當面談判、斡旋。在乾弟拿走地下錢莊的十幾萬元借貸之後，隔天，地下錢莊的人依約定來找我要錢，我沒有錢，我說我乾弟不是還了嗎？（

原來他沒有依照雙方約定還錢，還把事後的借貸責任都推給我），乾弟也頓時失去連絡，地下錢莊的凶神惡煞開始恐嚇我，想對我不利，我擔心或意識到他們會傷害我，為了自保我決定不顧家人和年幼弟妹的安危，我想起從小我們家孩子都會向家裡偷錢，我們的想法竟是反正這是爸爸媽媽賺的錢，即使在未經同意下，也是我們家的錢，所以，就自作主張帶著地下錢莊的惡煞們回家要錢，弟弟妹妹很害怕！還問：「姊姊他們是誰啊？」

最後緊要的關頭，乾弟打電話給我，說他在為黑社會辦事的舅舅已經出面和地下錢莊老闆雙方當面討論，只要還本金，高昂的利息可免，已經幫我們處理好這件事情，我和弟弟妹妹們才放下心中的大石頭。

最後的黑暗時光

離家出走的後來，認識一個道上的異性朋友，我們彼此的印象都很好，也相處了一小段日子，像談了一場小戀愛。有一天，他拿開山刀要我坐他的摩托車，騎到泡沫紅茶店，他把開山刀藏在桌子底下，說他有仇人要我小心一點，待會打打殺殺時要自己躲好。

剛開始離家出走，我的經濟來源都是外面朋友挺身相助，這些朋友多數是吸毒的，或是身上帶罪的，有時，當面看著他們吸毒「安非他命」(注六)，往下沉淪，心裡滋味很複雜，他們也會問我要不要嘗試，但都被我推開或拒絕了，我內心的聲音總會出現「不可以」三個字。慶幸的是，這些社會底層的朋友們從來沒有人逼迫我，要求或強迫做我不想做的事。

在那段離家看似光鮮卻充滿灰色的日子裡，我認識一位道上的兄弟，他的工作就是殺人或傷害人，只要道上誰能出錢，他就會去砍人手腳，甚至是要了對方的命，過著亡命之徒的生活。他對我很好，我們看似談了一場小小的戀愛。

那時的我，不想單靠朋友金援，為了離家出走的日子經濟可以獨立，除了四處打工，晚上也到茶室當調酒員或服務

生，那裡從事陪坐喝酒的女性服務員或間接、直接從事性交易的女性，多半有自己的苦衷，而我只是遞手巾或是做簡單的調酒工作。

有一次在一場道上兄弟聚會中，我看到一位認識的流氓老大，經常做事莽撞又無厘頭個性的我，竟然自以為是，當眾就跟他嗆聲，大聲對他說：「原來你做人那麼失敗。」那位老大覺得我突如其來的舉動讓他很沒面子，於是交代櫃檯人員給我們兩瓶白蘭地，當眾回嗆，以一人一瓶，一起喝下去，嗆如果不依他，要讓我斷手斷腳，我很害怕就說：「你先喝。」這位流氓老大果然應允先喝，咕嚕咕嚕地喝不到一半，就不勝酒力當場昏睡在地，我也機警地逃離現場，躲過一劫。事後得知流氓老大私下放話想對我報復，還真的花錢要僱用殺手砍我的一隻手或一隻腳，而這位職業殺手正好是我的朋友，他勸我趕快離開是非之地，並想辦法讓我得以全身而退。

直到有一天，我在 KTV 包廂裡和朋友唱歌，因為違反當年宵禁的規定，被扭送警局，才被爸爸媽媽帶回去，自此以後，就乖乖地回到校園唸書。回想這一段離家出走的生活，最後我能全身而退，沒有留下任何不良紀錄，覺得自己的際遇也很厲害，這些年少輕狂的故事，如電影情節，高潮迭起，既曲折也太奇妙了。

在這段離家出走的日子，讓我體會原來人生並不是我們所想像的單純，雖然我始終單純地相信人之初性本善，在外面生活還是要懂得保護自己。後來回到校園生活的我，喜歡把座右銘寫在我平常閱讀的書本上，就是不要放棄自己和理想，鐵杵也能磨成繡花針。

「If you can dream it, you can do it.」

冒險性格失去健康

我的人生有很多時候是被自己搞砸了，最明顯的一件事，就是做了一個讓一般人很難理解的決定，因為無知的冒險性格，和這樣的決定，讓我最終失去了我的健康。

從小我就非常喜歡讀書，因為個性衝動又不服輸的精神，想要考全班第一名，想要名列前茅，腦海裡想說考第一名有獎學金，可以請同學們喝飲料吃東西，又能夠獲得全班同學的注目與掌聲，可以上台領獎，我的父母親也很光榮，既然如此，何樂不為？自從我離家出走被父母從警局領回來家裡後，我開始用盡全力拚命地讀書。

每天下課之後，就到圖書館唸書。唸完之後，晚上八、九點又到 K 書中心唸書，隔天再去學校上課及考試，這段期間我居然嫌浪費時間和嫌煩，開始既不常喝水又養成憋尿的習慣，當時，還有一種極端又很荒謬的想法：

「試試看，一周之內，不喝水又憋尿，要花多久的時間才會達到身體的極限。」

另一方面，有了荒謬的想法，也因此我的身體逐漸不好又常感冒，生病又想省錢不去看醫生，當時的理由，竟只是覺得有年輕的身體就是本錢，覺得醫院掛號費很貴，距離

家裡又遙遠和嫌麻煩，於是只要忍到極限，就習慣到路邊的藥房買感冒藥、止痛藥，頭痛就吃頭痛藥，一年感冒的次數隨著身體的敗壞逐漸增加，有時一生病總是一兩個月才會好，身體也被自己不明智的決定，搞得越來越虛弱。

高中時期，我很喜歡香港歌星梅艷芳，我為了她的往生，為了紀念她，當時，我就用 HTML 在 Word 環境寫程式，設計一個很簡單的網頁。我的執著讓我做了三天三夜，沒有睡覺，只是覺得有點累，偶爾小休息一下，沒有多喝水還憋尿成性，有時吃幾口餅乾便廢寢忘食。我就是很固執要完成它，只是因為我很喜歡她，我覺得她的歌很好聽，我也喜歡她的伴舞舞群草蜢隊，我喜歡他們的歌，他們是我當年的偶像。我最後會罹患腎臟病，就是因為我是一個不懂得照顧自己又固執的人吧！

高中畢業那一年，全身浮腫而不自知，我以為我胖了。

某一天，我去同學家，同學的媽媽看到我，訝異地說：「為何妳的雙腳會腫得這麼厲害？」蹲下來用手指輕壓著我的小腿，竟然壓下去卻彈不上來，建議我趕緊去看腎臟科。後來，第一次到馬偕醫院腎臟科掛號，陳逸洲醫師診斷後，判定我若想保住性命，當下就要立即接受洗腎，我仍然是一副不知天高地厚，心裡就想著洗腎有什麼好怕的？要洗就洗啊！有什麼關係呢？

多年之後，才知道原來我自毀前途和傷害身體的決定，讓自己走向終身洗腎的困境，一次洗腎就要四個小時，一周洗三次。因為我的無知與缺乏保護自己的常識，自此之後，開啟一段長達二十二年的洗腎與最後必須接受器官移植才能存活的荒謬人生。

洗腎的日子

從感覺生命即將面臨無止盡的痛苦，那一刻開始，我對醫生的話又視若無睹，醫生說不可以的，我就偏偏要試試看。

開始洗腎（注七）的日子，醫生事前特別交代，不能抽菸、不能喝酒、不能吃檳榔、不能多喝水，醫生說我，一天只能喝 600CC 的水因為每個人可以喝的水量皆不同，當中包括液態的果汁、飲料和湯汁，甚至只能含冰塊，不能大口暢飲，僅可以嘗試吃會容易生口水的糖果，它會分泌唾液，讓你不口渴，因為有時候很想喝水都不能喝，雖然我生性無可救藥地樂觀，可是這時候，我想起往後的日子好像也會滿辛苦的。

從感覺生命即將面臨無止盡的痛苦，那一刻開始，我對醫生的話就視若無睹，甚至認為這些都是用來考驗著我的健康跟人生，我為了自己的理想，寧願生病也要冒險完成它，更出現許多有別於常人的想法：反正自己既然已經要洗腎了，我一定要做自己會高興的事情，我想幹嘛，我就幹嘛！最多就是大不了，再回去洗腎而已。

所以我私下開始偷喝酒，偷抽菸，偷吃檳榔，那種偷偷地來的感覺，也不會上癮，就覺得嘗試過之後也沒什麼忌諱了。況且，我發現檳榔很臭，菸味也很臭，到底有什麼好

抽，有什麼好吃呢？畢竟，人總是對不熟悉的事物會充滿好奇心吧！當醫師說過洗腎期間的所有禁忌，全部嘗試過之後，就覺得沒什麼了，甚至認為喝酒這件事，有人說喝了傷身，不喝傷心，這是什麼歪理呀！當我全部嘗試過之後，覺得那也沒什麼了，才發現做這些事並不會帶給我快樂，這輩子充滿冒險性格的我，最後只差沒偷偷地吸毒致死而已吧！

有一次在洗腎的過程，我的心跳突然加快到 140、150，非常疼痛，家人趕快將我送到急診室去處理，還連續發生四、五次，醫生說我「心律不整」（注八），經歷這樣的緊急過程，我很害怕，但是又能怎麼樣？

有一回在家裡我又發作了，心跳很快，急診醫師說可以用生理治療法（注九），在國外如果心跳很快，就把頭埋進浴缸的冰水中，憋住氣，心跳就會重新啟動，恢復正常了。就像游泳時，整個面部埋入泳池裡。聽完醫師的建議，回到家我告訴爸爸這件事。因為我們家沒有浴缸，也不可能有製冰機，可以及時放冰塊，如果在路邊發生同樣的事，路邊沒有這種東西，也沒有桶子或浴缸，所以只能自救，方法是在家裡放一包冰塊，用毛巾包起來，當心跳很快時，用物理治療法將整個冰塊加上毛巾，貼在整個臉部暫停呼吸，心跳會重新啟動，我曾在危急時試過一次，確實有效。

洗腎的我，人生從此改變，儘管成為一位身心障礙者，洗腎二十二年，我還是需要工作，來支撐我活下去的理由和需求，因為家裡還是需要我工作，我們不是有錢人，我也不能放棄自己，也沒有理由更悲傷或讓自己更沮喪，所以我必須要繼續工作、讀書、洗腎，也慢慢接受這就是我自己錯誤的選擇，和不懂得照顧自己，或說因為長期任性而為的代價。

只要我能堅持活下來，也許，洗腎還是可以有很好的醫療品質。接受事實後，我反而可以做更多的事情，所以我希望自己可以為了堅持和爭取機會，自我鼓勵，應該沒什麼問題，我決定即使洗腎，也要努力地在我的工作崗位上。

當知道必須洗腎的消息，一般人一定會感到絕望、孤獨無助，甚至想要輕生，但是我依然樂觀積極，甚至我一邊洗腎，一邊參加很多有挑戰性的活動，告訴自己雖然是身心障礙者，我有餘力，也不需要別人過度幫助，甚至可以去醫院當志工，如曾到馬偕醫院當志工，那段日子我非常快樂。我也去當義剪的志工，如一〇五年十月三十日參加國父紀念館萬人義剪活動，一〇五年九月二十日去位於台北市信義區的里民活動中心，幫助弱勢的阿公及阿嬤剪頭髮，阿嬤還因為我的善舉流下眼淚。我自己看見阿嬤的眼淚也非常感動，覺得我是一個有用的人，也可以幫助別人，我會盡我的能力做好助人這件事。

我的二十四張證照

洗腎二十二年期間，我獲得二十四張證照，為了證明自己是有能力的人，前期只花三個月獲得十七張證照，榮獲全國第四名。考證照期間經歷多次失敗，最後持續不斷地努力，終於完成了二十四張證照。

在換腎的過程中，記得每次剛拔除尿管，我平均五分鐘需要尿一次，第一次覺得自己可以尿尿了，是多麼感動的事情啊！過往，我都是坐在馬桶上睡著了，長達幾年的時間，一直頻尿很不方便，但是我還是要工作，謝謝同事和老闆的體諒，這一點一滴的過程都在我心中，這些過程困難我不能被打倒，年邁的爸爸媽媽都說我要好好地照顧自己，我覺得我洗腎已經對不起他們了，身體髮膚受之父母，所以我現在應該要更加油，努力把自己顧好，無論休養生息的過程中有多麼的障礙，我都要努力克服。面臨這一連串的打擊，我始終相信只要我去做，我就會完成，我始終相信，凡事一回生，二回熟，三回變高手。這也是我在洗腎期間努力考取證照的動力來源。

這二十四張證照，包括很簡單的一些行政類證照，如中文打字、英文打字、簡報ppt檔案製作，還有水電工程汙水下水道及自來水管配管的證照、專案管理等包羅萬象的證照。其實只要花時間，如前期只花三個月獲得的全國證照

達人第四名，當時是先參加巨匠電腦辦的比賽。另外，會
考這些證照是為了日後找工作，礙於二十二年前洗腎人士
工作不好找，我學歷也不高，機會是留給準備好的人，於
是我毅然決然去考證照，彌補自己的不足。經營公共工程
公司（甲種）的姑丈需要這些證照，才建議我可以去考。

還記得我第一次燒銅管及 PVC 塑膠管。車鐵管還要畫圖量
尺寸，爬電線桿戴安全帽，一切都是從很陌生的東西開始
學起。現在回想起來，這些知識和技術對大多數女生來說，
都需要力氣，但是我卻反其道而行，覺得非常有趣。當年
第一名的是一位女性公務人員，十二個月考了三十一張，
因為當我知道要辦考證照比賽時，已是當年的九月，只剩
三個月，所以我只有三個月的時間考證照。當年我們老闆
林照雄老師還到世貿的電腦展看到我的相關照片報導，讓
我覺得很開心，也是一段很有趣的人生紀錄。

一年三百六十五天，除了周休二日，我都在上班，早上到
下午，晚上再去馬偕醫院洗腎。每周六上整天的課，在學
校我總是第一位到教室，我非常努力，我喜歡學習東西，
把所有體力用盡了，因為我覺得我把每一天都當成最後一
天。我希望可以獲得好成績，我希望可以獲得很多掌聲，
我有不服輸的精神，但是我錯了，雖然我考了第一名，全
校也是排行前幾名畢業，之後又去念的碩士沒有畢業，卻
進了加護病房，醫生指責我說妳要命？還是要讀書？我就

想我一定要快點好，我要完成我的夢想，即使進了加護病房後，很順利地出院，我也會希望繼續完成一邊工作、一邊洗腎、一邊玩樂的生活。

有一天晚上，我在醫院洗腎下班後（我們都戲稱下班了，比喻洗腎就等於上班四個小時），跟大家打招呼，那時，洗完腎就要手壓著傷口，卻常常會滲血，因為沒有壓好就大剌剌地走出去，離開洗腎室後，才發現滿手都是血，於是趕快衝到廁所找衛生紙，過往經驗不足時，沒有辦法一邊壓，於是地上全都是血，再趕快跑回洗腎室請護理師幫忙，換上全新的紗布。可能我個性比較急躁、草率，少一根筋，常常發生這些事情，造成護理師的困擾，我對每次被我叨擾的護理師們感到非常抱歉，這是洗腎後期大概洗了二十年之後，常常感到焦慮還會發生的故事。

之前我都可以把自己照顧得很好，不需要家人和朋友擔心，甚至在捷運上滿手都是血，我也能夠坐下來，慢慢拿起衛生紙，小心翼翼地擦拭。有需要向外人請求協助時，我也能不慌不忙，其實，我的內心好快樂，原來我自己可以處理所面臨的大小困難，我可以靠自己，雖然是非常辛苦的事情。從樂觀的人生態度來說，我只是失去腎臟的功能，我還有耳朵聽得到，眼睛看得見，我能走路，我能工作，所以，我的人生依舊是美麗的前途一片，也包括我的愛情。

情字這條路

我很感動外子對我的不離不棄。交往十六年，在我洗腎的人生中，絕大部分都有他的親自參與和照顧，不論是讀書生涯或是工作、洗腎、考證照。不管颱風下雨颱風天，都是他接送我的。我對外子非常感謝，器官移植後，我很感動外子對我的不離不棄，還願意娶我，我對外子非常感謝……

我和先生交往十六年，我們是騎腳踏車運動時認識的，透過我從小認識的好朋友穿針引線後，促成為一對情侶。

剛開始我對他的印象就很好，他有很昂貴又帥氣的專業自行車和重型機車，每次我們騎車約會時，都會看見他很帥氣的樣子，我喜歡稱呼他是「教練」。他的眼睛很大又明亮，五官深邃迷人，但認識初期，雖然臉上長滿痘子，身上也帶著特有的體味，我也不以為意。我自認為不漂亮，年齡又長他七歲有餘，他說：「我不喜歡像模特兒條件的女人，我喜歡的是像妳這樣愛笑的女生。」他對我的讚美，讓我感覺很窩心地藏在心底。

我們的認識是在我洗腎約六年之後，他明知我結束洗腎的日子，在此生可能會遙遙無期，而且這段日子經常大病小病，甚至因為我的年紀和身體狀況，都到了必須面臨無法生育的現實問題，他也不以為意。

我們交往多年，因為我的身體狀況除了長年洗腎，還有許多起起伏伏的大小問題，擔心得不到雙方家長的祝福，所以，一直沒有進一步地走向婚姻的殿堂。我家人也只知道他正在追求我，有時會把他出海休閒時釣到的大魚親自送來家裡，和我們家人分享。據說，他的家人在不知我們正在交往的情況下，曾安排條件很好，甚至只要結婚就有一棟新房當作禮物的女性對象。幸好，在他對這段感情的堅持下，仍然在各種我需要他陪伴或是接送的時刻，不論颱風下雨，我都還能夠看見他帥氣的身影出現在我面前，在情字這條路上，我們還是順利地走過來了。

我們會走向結婚，是因為當初洗腎期間我不敢想像我這輩子會結婚，心想還是不要害別人好了。之後改觀，完全是從洗腎二十二年後，一〇八年六月二十一日上午九點多，有幸接到馬偕醫院通知有器官移植（注十）的機會才開始萌芽的。

來自器官捐贈的消息

我們都認為這一刻真是受到神的眷顧了。

一〇八年六月二十一日周五上班途中，接到器官移植小組電話，喜出望外終於讓我等到了，上班時趕緊跟同事報告這好消息，並說明我需要請長假。還好我平時喜歡養成「今日事，今日畢」的習慣，業務可以立刻交接清楚。六月二十一日周五晚上跟洗腎室道別，六月二十二日下午至台北馬偕醫院急診室檢查後，移植小組郭惠娟小姐表示，因為家屬及其他因素關係，判定腦死需要第三次，所以還請我先回家等待。六月二十四日接近傍晚還下著大雨，接獲移植通知，家屬及醫生已判定三次，可以移植了。六月二十四日凌晨十二點開始移植手術，歷經五個小時。幸好一〇八年七月十八日出院，手術是很順利的，但為了防止排斥的副作用等問題，手術後住院長達近一個月，經歷了許多痛楚的醫療行為，才得以平安出院。

婚前我很擔心自己的身體狀況不好，公公和婆婆都企盼先生可以有後代，傳遞梁家香火，雖然獲得神的眷顧，從器官移植後，我卻開始出現焦慮，擔心這段感情會被拆散。為了自己好，我開始看精神科，甚至向家人、工作單位坦白我正在看精神科門診這件事。公公得知後安慰我：「憂

鬱症半年後就會好轉。」婆婆也逐漸明白未來的我可能無法生育了，她也釋出善意對我說：「未來沒有自己的孩子沒關係，妳的健康就是先生的幸福。」

但我的內心仍然出現焦慮的現象，且日益嚴重，還是不停地困擾著我。

我的憂鬱和我的焦慮

上帝選擇讓我遭受很多困難，洗腎已經夠可憐了，為什麼現在我又要罹患焦慮症、憂鬱症？這般雪上加霜，但這絕對不會影響我想出書的心情，我肯定。

猶記，曾在吳興街針灸、電療復健，非常辛苦，吃止痛藥都還會痛到哭，貼了一堆外用藥膏也都沒有療效，但是我還是要努力地將自己的生命延長下去。那份痛楚讓我一直忍耐，尤其是我家樓上有吵雜聲，以及剛好當時三月分我妹妹罹患憂鬱症時，我每天關心，打 Line 鼓勵，直到妹妹好了，卻換我憂鬱了。那時候告訴我自己：妹妹的憂鬱症讓她想離婚，想要離我們遠遠的，我這個做姊姊的怎麼能不救她？這時候我每天都在哭，紅著眼眶，忍不住眼淚不停地掉，我到底在擔心什麼？我為什麼要一直擔心別人？我自己都顧不好了，都自身難保，但是我心裡一直覺得施比受更有福，我今天受到了別人幫助，我一定要回饋，於是我也苦了自己。

在我的心裡，經常面臨考驗的我，就會要求自己盡量逐步突破困難，提醒自己要聽醫生的話，必須要吃藥，必須要保持樂觀的心情，哪怕是每天都焦慮緊張，我也要不服輸，只要我有體力，提醒自己憂鬱症不是癌症，死不了的，我

就會想盡辦法和可能，讓自己好起來。雖然我不願意接受這殘酷的結果，但是又時時鼓勵要勇於面對，因為我就是一個生性樂觀的人，就算是心中有掙扎跟吶喊，也要和自己對話，和自己的內在好好相處。

我的公公和婆婆還有我小叔以及愛我的先生，還有台北馬偕醫院院牧關懷師黃琴憫小姐，社福室的社工師們、馬偕醫院和潘美惠牧師、馬偕醫院陳志揚主治醫生、腎臟科陳逸洲醫師、陳漢湘醫師、潘吉豐醫師、維康的員工、洗腎室所有的護理師，都曾經幫助過我，也開導我。這個世界上充斥著很多的好人，我很感動，人間處處是溫情。

換腎之後

工作上，在器官移植後，受到憂鬱症和焦慮的影響，我越想把事情做好，心裡越著急，面臨的問題就越容易出狀況……

換腎後一個月，發作過兩次，於是心臟科余法昌醫師介紹張聖雄醫師幫我開「心室上陣發性心動過速」（PSVT）（注十一）。自一〇九年一月二十一日住院，一月二十二日開刀，一月二十三日出院。醫囑說一個月之後門診。我的腳是從靜脈開刀，記得當時壓了四個小時沙袋不能上大號，不能尿尿，會很痛，出了院之後，還會瘀青一個月，開完刀的第一周，回去複診，醫生說沒事了，才讓我對器官移植的結果放心些。

由於一個月內我都躺在家裡，沒有運動又姿勢不良地躺在床上看影片，使用筆電，於是一個月之後就得到了肌腱炎、髖骨肌腱炎。每天跑醫院，常常是榮總、馬偕醫院，甚至台北醫學大學附設醫院，在不同的醫院之間隨著時間和就醫流轉。

我在陽明大學的助教工作從九十八年二月二日至今一一〇年九月，十三年了，但是我的職稱還是臨時人員，以身心

障礙的員工佔缺。在一個機緣下，我和前校長郭旭崧校長對話時，校長問我還是做臨時人員？我說我已經做十六年了，校長開心又惜才的口吻對我說：「這麼多年啊！那也不臨時了。」

工作上，在器官移植後，受到憂鬱症和焦慮的影響，我越想把事情做好，心裡越著急，面臨的問題就越容易出狀況。有時，我也會深刻反省，我在職場上有很多的困難跟挑戰，但是我不能害怕，因為從小到大，我就是一個堅忍不拔，逆來順受，任勞任怨，循規蹈矩的人，我努力學習和打工賺錢，也是一種正面的思考，我鼓勵自己必須對未知的未來保持樂觀，必須要好好工作，才可以讓自己更好，只有焦慮是沒有用的，凡事就要慢慢地放下腳步，深信傷口會慢慢地復原，我會過好我的生活，好好享受家庭的溫暖，才不會辜負將器官移植給我的朋友，我要勇敢，我相信我一定會的。

我們的未來不是夢？

編注：秀玫一心希望以自己的成長與接受器官移植後人生的轉變故事印成一本書，鼓勵在生命中遇到和她一樣必須面對困境的朋友，寄望可以回饋社會，在入院之前特別囑咐故事未結束我們一起加油展開美好人生

參 考 資 料

注釋一：六燈獎。

《六燈獎》是中國電視公司（中視）的才藝競賽節目， 1978 年 1
月 8 日開播 [3]，《六燈獎》的比賽規則與《五燈獎》大同小異，
但總燈數是六個，比《五燈獎》多了一個燈。《六燈獎》的六個
燈代表六位評審，六位評審必須是對音樂有特殊造詣者，蘇秀玫
參加的年代應該已屬於該節目的後期。

注釋二：界線關係。

生活中經常會遇到過度干預她人言行舉止，甚至造成侵犯隱私的
壓迫感，她們大多數這類型的人格就是因為「太不把自己當外
人」，常常以熟識為藉口，忽略人和人之間應該保持的界線關係。

注釋三：家暴防治。

家庭成員間發生身體上、精神上、經濟上的騷擾、控制、威脅或
其她不法侵害之行為就是家庭暴力。在家庭暴力發生的當下，首
要保護自己的安全，避免身體的重要部位受到傷害，並儘快撥打
110 報警，由警察介入制止暴力，蒐集犯罪證據，並協助護送被
害人就醫。
參考網址：衛服部官網 https://www.mohw.gov.tw/cp-190-231-1.
html

注釋四：宵禁。

宵禁，指由政府、軍隊和機關等頒布，禁止平民於特定時間外出
的命令，一般在戰爭狀態、國內緊急狀態或者戒嚴時期使用。台
灣政府於 1980 年代後期解除戒嚴後，已取消宵禁的管束。

注釋五：性侵防治。

性侵害不是性，而是暴力，只要「沒有」經過您的同意，以強暴、脅迫、恐嚇、催眠術、藥物控制或其她違反您意願的方式發生性行為，都算是性侵害，就算是兩情相悅，但有一方未滿16歲，也是性侵害。當您遭受性侵害，或您服務的單遇到需要幫助的性侵害被害人時，您可以運用以下的資源或原則處理。

註：處理過程中有任何問題，都可以直撥「113」24小時保護專線，提供您專業的協助。相關處理原則請參考網址：衛服部官網 https://www.mohw.gov.tw/cp-88-234-1-44.html

注釋六：安非他命與毒品防治。

目前各地方毒品危害防制中心提供以下有關毒品問題的各項服務：認識毒品的危害、電話諮詢、心理支持與協助、法律諮詢、轉介醫療院所或民間團體戒毒、協助就業、職業訓練、社會福利補助、提供愛滋病篩檢、參與毒品減害計畫、預防犯罪宣導、家庭支持功能重建服務等等。如果您或您的家人、朋友有毒品相關困擾，可以前往衛生福利部指定之藥癮戒治機構，尋求醫療院所身心科（或家醫科）醫師之協助。除此之外，您或您的家人、朋友亦可尋求公、私立毒癮戒治收容機構（如主愛之家、沐恩之家、晨曦會、茄荖山莊等），尋求收容戒毒。也可以請各地方毒防中心人員提供就業、就學等相關服務，協助您或您的家人、朋友走出毒品的控制，重獲新生。

參考網址：https://antidrug.moj.gov.tw/lp-33-1.html

注釋七：洗腎。

腎臟（Kidney）又稱腰子，位於人體腰部的腹腔內，通常為2顆成對，形狀如蠶豆、大小似拳頭，屬於泌尿系統的一環。腎臟除

了能分泌尿液排出廢物，更是調節身體水分、清除尿酸等有害物質的重要角色，簡單來說就像是身體的淨化器。

當腎臟功能因為疾病而受損，容易讓過多的廢棄體液在血液中堆積，進而導致高血壓、血尿、水腫等症狀。此時的腎臟已經失去淨化的功能，當腎功能降到 10 ～ 15%，就必須透過「洗腎」或是換腎，幫助身體維持正常機能以利生存。

相關網址：https://www.royalnursinghome.com.tw/%E6%B4%97%E8%85%8E%E5%8E%9F%E5%9B%A0/

注釋八：心律不整。

心律不整是因為心臟電力傳導功能異常所引起的各種症狀。正常情況下，心臟跳動是由右心房的特殊區域（醫學專有名詞稱為竇房結）控制，經由心臟傳導的路徑（包含醫學專有名詞：房室結、希氏徑等）把電流刺激由心房傳到心室，引起心臟的收縮，讓心臟可以維持正常搏動，維持穩定的血壓及供應身體所需的血液。

相關資訊請參考（康健知識庫）：https://kb.commonhealth.com.tw/library/19.html?from=search#data-3-collapse

注釋九：器官移植。

器官移植（英語：Organ transplantation）是將個體的某一器官整體或部分地轉移到另一個體（或本體的另一位置，如自體皮膚移植）的過程。其目的是用來自供體的完好、健全的器官替代損壞的或功能喪失的器官。提供器官的一方為器官移植的「供體」，可以是在世的人，也可以是剛剛去世的人。在世的人提供的器官稱為活體器官，去世的人的器官稱為死者器官。接受器官的一方為器官移植的「受者」。不過若器官已受到感染或衰竭便不能移植。（維基百科）。相關各地器官移植訊息請洽詢當地各公立教學

醫院器官移植團隊。如臺大醫院器官移植團隊網址：https://www.
ntuh.gov.tw/ntuhtx/Fpage.action?muid=1&fid=3336

注釋十：「心室上陣發性心動過速」（PSVT）

PSVT 是一種很常見的心律失常，最常見的是房室結再循環性的
類型。它常是突然發作，突然停止。一般而言，患者多無器質性
心臟病，但亦可能是因為心臟有一不正常的傳導束所誘發，引致
先激化之綜合微 (pre-excitation)，在某些內外因素誘發之下而導
致的。病發時，心率會達每分鐘 160 或以上心音增強，原有心臟
雜音減弱、脈搏細弱，而血壓會下降。其她症狀包括：突然頭暈、
心慌、胸悶氣促、呼吸困難、乏力、手指發麻發涼、血壓降低等。
相關網址請參考：https://www.mmh.org.tw/taitam/car_int/
index4_3_1c.html

《蘇秀玫的故事》
一部經歷浴火重生的回憶錄

讀 者 回 函

誰是蘇秀玫？

□ 重生的日子其實還不錯？

□ 離不開舒適圈？

□ 有著不為人知的過去？

□ 覺得自己是獨一無二？

□ 永遠把每一天當成最後一天在過？

□ 用盡生命去愛別人？

□ 努力工作努力玩努力生活？

蘇秀玫臉書

https://facebook.com/melodysu66

蘇秀玫的故事：一部經歷浴火重生的回憶錄 / 蘇秀玫著 . --
初版 . -- 臺北市：南海興業股份有限公司 , 2021.11
　　面；　　公分
ISBN 978-986-86127-5-4(平裝)

1. 蘇秀玫 2. 臺灣傳記

783.3886　　　　　　　　　　　　　　110019030

《蘇秀玫的故事》　一部經歷浴火重生的回憶錄

發行人：蘇秀玫

作者 (口述)：蘇秀玫

故事撰述：許風

校對潤飾：翔縈

文字編輯：李一桐

美術編輯：南海興業股份有限公司

封面設計：酸梅豬影像創意工作室

封面完稿：南海興業股份有限公司

封面攝影：蓓麗宛 婚紗攝影禮服
　　　　　謝昂軒 0906-112-210

出版部門：南海興業股份有限公司

地　　址：106 台北市大安區基隆路二段 110 號

預購電話：0917837266

網　　址：https://facebook.com/melodysu66

信　　箱：melody6666tw@gmail.com ， hmsu@nycu.edu.tw

郵局代號：700

帳　　號：2441011-1934863

戶　　名：蘇秀玫

出版日期 2021 年 11 月 初版 1 刷

定　　價：200 元 (平裝本)　ISBN：978-986-86127-5-4(平裝)